Impressum
Verlag: BABADADA GmbH, Nedderfeld 112 , 22529 Hamburg
Geschäftsführer / Verlagsleitung: Harald Hof
Druck: Books on Demand GmbH, In de Tarpen 42, 22848 Norderstedt

Imprint
Publisher: BABADADA GmbH, Nedderfeld 112 , 22529 Hamburg, Germany
Managing Director / Publishing direction: Harald Hof
Print: Books on Demand GmbH, In de Tarpen 42, 22848 Norderstedt, Germany

المدرسة

ትምህርት ቤት

القسم
መማሪያ ክፍል
يقسم
ማካፈል
186/2
اللوح
ሰሌዳ
المعلّم
መምህር
ورقة
ወረቀት
يكتب
القلم
እስክሪብቶ
طاولة المكتب
መፃፊያ ጠረጴዛ
المسطرة
ማስመሪያ
الكتاب
መጽሐፍ
التلميذ
ተማሪ

الحقيبة المدرسية
....
የጀርባ ቦርሳ

المقلمة
....
የእርሳስ መያዣ

قلم الرصاص
....
እርሳስ

البرّاية
....
የእርሳስ መቅረጫ

المِمحاة
....
ላጲስ

دفتر الرسم
....
የስዕል ደብተር

الرسمة

ስዕል

الفرشاة

የቀለም ብሩሽ

علبة التلوين

የቀለም ሳጥን

المقص

መቀስ

المادة اللاصقة

ማጣበቂያ

دفتر التمارين

መልመጃ ደብተር

الواجب المدرسي

የቤት ስራ

12

الرقم

ቁጥር

2+2

يجمع

መደመር

5-2

يطرح

መቀነስ

2×2

يضرب

ማባዛት

يحسب

ቁጥሮችን ማስላት

A

الحرف

ደብዳቤ

ABCDEFG HIJKLMN OPQRSTU VWXYZ

الأبجدية

ፊደላት

hello

كلمة

ቃል

النص

....

ፅሑፍ

يقرأ

....

ማንበብ

الطبشور

....

ጠመኔ

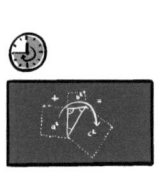

الحصة

....

ትምህርት

دفتر الدوام المدرسي

....

ምዝገባ

الامتحان

....

ፈተና

شهادة

....

ሰርተፊኬት

اللباس المدرسي

....

የትምህርት ቤት የደንብ ልብስ

التعليم

....

ትምህርት

الموسوعة

....

አዉደ ጥበብ

الجامعة

....

ዩኒቨርስቲ

المِجهر

....

የምርምር አጉሊ መሳርያ

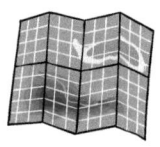

الخريطة

....

ካርታ

قماما

....

የቆሻሻ ወረቀት መጣያ ቅርጫት

سفر

ጉዞ

Grand
فندق
ሆቴል
بيت الشباب
ማረፊያ ቤት
ROOMS
CHANGE
مكتب صرافة
የዉጭ ገንዘብ ምንዛሪ ቢሮ
حقيبة
ልብስ መያዣ ሻንጣ
سيارة
መኪና

اللغة

ቋንቋ

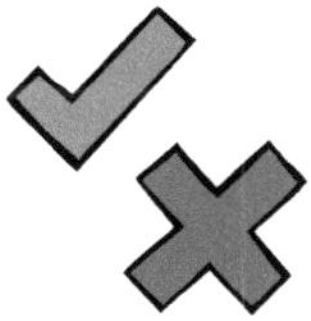

نعم / لا

አዎ/ አይደለም

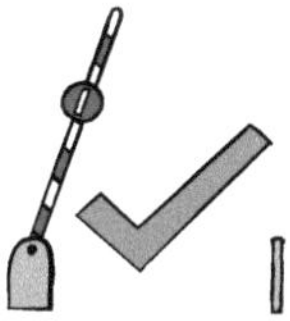

حسناً

እሺ

مرحباً

ሰላም

مترجم

አስተርጓሚ

شكراً

አመሰግናለሁ

كم ثمن ... ؟

ስንት ነዉ.......?

لا أفهم

አልገባኝም

مشكلة

እክል

مساء الخير

እንደምን አመሹ!

صباح الخير!

እንደምን አደሩ!

ليلة سعيدة

መልካም ምሽት!

إلى اللقاء

ደህና ይሰንብቱ

اتجاه

አቅጣጫ

أمتعة السفر

ሻንጣ

حقيبة

ቦርሳ

حقيبة ظهر

የጀርባ ቦርሳ

ضيف

እንግዳ

غرفة

ክፍል

كيس للنوم

የመተኛ ቦርሳ

خيمة

ድንኳን

استعلامات سياحية

....

የጎብኚዎች መረጃ

شاطئ

....

የባህር ዳርቻ

بطاقة ائتمان

....

ክሬዲት ካርድ

إفطار

....

ቁርስ

طعام الغداء

....

ምሳ

العشاء

....

እራት

بطاقة سفر

....

ቲኬት

مصعد

....

አሳንሰር

طابع بريدي

....

ማህተም

حدود

....

ድንበር

الجمارك

....

ባህሎች

سفارة

....

ኤምባሲ

تأشيرة

....

ቪዛ/የይለፍ ወረቀት

جواز سفر

....

ፓስፖርት

نقل

መጓጓዣ

طائرة
አ ፕላን
سفينة
መር ብ
سيارة إطفاء
የ ሳት አደጋ መኪና
حافلة
አ ቶብስ
سيارة شاحنة
የጭነት መኪና
زورق آلي
የ ተር ጀልባ
سيارة
መኪና
درّاجة
ብስ ሌት

عبارة

የማመላለሻ ጀልባ

قارب

ጀልባ

دراجة نارية

የ ተር ብስ ሌት

سيارة شرطة

የፖሊስ መኪና

سيارة سباق

የ ድድር መኪና

سيارة مستأجرة

የኪራይ መኪና

أسلوب تشاركي في استئجار السيارات

....

የመኪና መጋራት

سيارة للجر

....

ጎታች መኪና

سيارة نقل القمامة

....

የቆሻሻ ጭነት መኪና

محرك

....

ሞተር

وقود

....

ነዳጅ

محطة وقود

....

የቤንዚን ማደያ

إشارة مرور

....

የመንገድ ምልክት

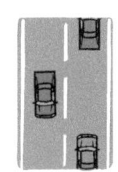

حركة السير

....

የመኪኖች እንቅስቃሴ

ازدحام سير

....

የመኪና መጨናነቅ

موقف سيارات

....

የመኪና ማቆሚያ

محطة قطار

....

የባቡር ጣቢያ

سكك حديدية

....

የባቡር ሀዲዶች

قطار

....

ባቡር

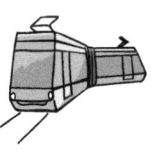

ترام

....

የኤሌክትሪክ ባቡር

عربة قطار

....

ሰረገላ

طائرة مروحية
....
ሄሊኮፕተር

مطار
....
አየር ማረፊያ

برج
....
ማማ

مسافر
....
መንገደኛ

حاوية
....
ማስቀመጫ፤ ማጠራቀሚያ

علبة كرتون
....
ካርቶን እቃ ማሸጊያ

عربة يد
....
ጋሪ፤ ተሳቢ

سلة
....
ቅርጫት

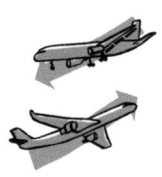

يقلع / يهبط
....
መነሳት/ ማረፍ

مدينة

ከተማ

قرية
....
መንደር

مركز المدينة
....
የከተማ ማዕከል

بيت
....
ቤት

سينما
CINEMA
دعاية
ማስታወቂያ
مصباح الشارع
የመንገድ ዳር መብራት
شارع
መንገድ
تاكسي
ታክሲ
كشك
የቁርስ መቆያ ሱቅ
مشاة
እግረኛ
رصيف
ድንጋይ የተነጠፈበት የእግረኛ መንገድ
معبر المشاة
የእግረኛ መሻገሪያ
حاوية قمامة
የቆሻሻ ማጠራቀሚያ
تقاطع
إشارة ضوئية
የትራፊክ መብራቶች

كوخ

ጎጆ

شقة

አፓርታማ

محطة قطار

የባቡር ጣቢያ

دار البلدية

የከተማ አዳራሽ

متحف

ቤተ መዘክር

المدرسة

ትምህርት ቤት

الجامعة

ዩኒቨርስቲ

مصرف

ባንክ

المستشفى

ሆስፒታል

فندق

ሆቴል

صيدلية

መድሐኒት ቤት

مكتب

ቢሮ

مكتبة

መፅሐፍ መሸጫ

متجر

ሱቅ

محل لبيع الزهور

የአበባ መሸጫ

سوبرماركت

የሸቀጣ ሸቀጥ መደብር

سوق

ገበያ ስፍራ

متجر كبير

መደብር

تاجر السمك

የዓሳ ነጋዴ

مركز تسوّق

የገበያ ማዕከል

ميناء

ወደብ

حديقة عامة

መናፈሻ ቦታ

مقعد

አግዳሚ ወንበር

جسر

ድልድይ

درج، سلم

ደረጃዎች

مترو

ዉስጥ ለዉስጥ

نفق

ዋሻ

موقف حافلات

የአዉቶቡስ ፌርማታ

بار

ባር

مطعم

ምግብ ቤት

صندوق البريد

የፖስታ ሳጥን

لافتة باسم الشارع

የመንገድ ምልክት

مقياس زمن الوقوف

የመኪና ማቆሚያ ሒሳብ የሚያሰላ ማሽን

حديقة حيوانات

የደር እንስሳት ማቆያ

مسبح

የመዋኛ ገንዳ

مسجد

መስጊድ

مزرعة

....

እርሻ

تلوث البيئة

....

የሚበክል ነገር

مقبرة

....

መቃብር ስፍራ

كنيسة

....

ቤተ ክርስቲያን

ملعب الأطفال

....

መጫወቻ ሜዳ

معبد

....

ቤተ መቅደስ

طبيعة ريفية

መልከዓምድር

ورقة
ቅጠል

علامة ارشاد
የመንገድ ላይ
ምልከት

طريق
መንገድ

مرج
አረንጓዴ መስክ

حجر
ድንጋይ

شجرة
ዛፍ

رحالة
በእግሩ የሚጓዝ

نهر
ወንዝ

عشب
ሳር

زهرة
አበባ

وادٍ

....

ሸለቆ

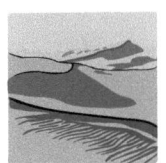

جبل

....

ኮረብታ

بحيرة

....

ሀይቅ

غابة

....

ጫካ

صحراء

....

በረሃ

بركان

....

እሳተ ገሞራ

قلعة

....

ግምብ

قوس قزح

....

ቀስተ ዳመና

فِطر

....

እንጉዳይ

نخلة

....

የቴምብር ዛፍ/ ዘንባባ

بعوض

....

ቢንቢ/ የወባ ትንኝ

ذبّانة

....

በራሪ

نملة

....

ጉንዳን

نحلة

....

ንብ

عنكبوت

....

ሸረሪት

خنفساء

....

ጢንዚዛ

ضفدعة

....

እንቁራሪት

سنجاب

....

ሽኮኮ

قنفذ

....

ጃርት

أرنب

....

ጥንቸል

بومة

....

ጉጉት ወፍ

عصفور

....

ወፍ

بجعة

....

የዉሃ ዳክዬ

خنزير برّي

....

ከርከሮ

غزال

....

አጋዘን

إلكة

....

አጋዘን

سد

....

ግድብ

دولاب الطاحونة الهوائية

....

በነፋስ የሚሽከረከር

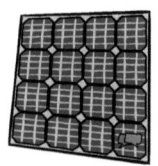

خلية شمسية

....

የፀሀይ ፓኔሎ

مناخ

....

አየር ንብረት

مطعم

ምግብ ቤት

نادل
አስተናጋጅ
لائحة الطعام
كرسي
ወንበር
حساء
ሾርባ
بيتزا
ፒዛ
أدوات المائدة
መክተፊያ
غطاء المائدة
የጠረጴዛ ጨርቅ

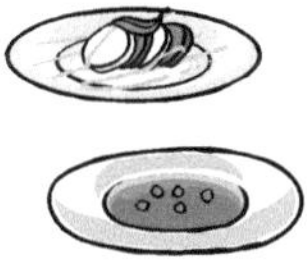

مقبلات

....

የምግብ ፍላጎትን የሚከፍት ምግብ

الصحن الرئيسي

....

ዋና ምግብ

حلوى أو فاكهة بعد الطعام

....

ማጣጣሚያ ተከታይ ምግብ

مشروبات

....

መጠጦች

طعام

....

ምግብ

زجاجة

....

ጠርሙስ

وجبات سريعة

ፈጣን ምግብ

طعام الشارع

የመንገድ ምግብ

إبريق الشاي

የሻይ ማንቆርቆሪያ

علبة السكر

የስኳር እቃ

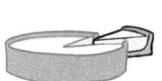

حصّة

ድርሻ

آلة الإسبريسو

የቡና ማፊያ ማሽን

كرسي عالٍ

ባለጌ ወንበር

فاتورة

የክፍያ ደረሰኝ

صينية

ትሪ

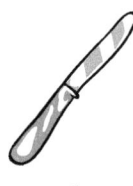

سكين

ቢላዋ

شوكة

ሹካ

ملعقة

ማንኪያ

ملعقة الشاي

የሻይ ማንኪያ

منديل المائدة

ልብስ ምግብ እንዳይነካ የሚረዳ ጨርቅ

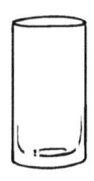

كأس

ብርጭቆ

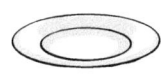

صحن

ዝርግ ሰሀን

صحن الحساء

የሾርባ ጎድጓዳ ሰሀን

صحن الفنجان

የስኒ ማስቀመጫ

صلصة

ማጣፈጫ ስጎ

مملحة

የጨዉ እቃ

مطحنة الفلفل

የተፈጨ ቃሪያ

خلّ

ኮምጣጤ

زيت الطعام

የምግብ ዘይት

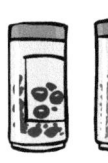

توابل

ቀመማ ቅመሞች

كتشاب

የቲማቲም ድልህ

خردل

ሰናፍጭ

مايونيز

ማዮኒዝ

سوبرماركت

የሸቀጣ ሸቀጥ መደብር

عرض خاص
ልዩ አቅራቦት
FOR
زبون
ደምበኛ
مشتقات الحليب
የወተት ተዋፅዖ
فواكه
ፍራፍሬ
عربة تَسوّق
ባለ ጎማ የእጅ ጋሪ

BUTCHERS

جزّار

ሉካንዳ ነጋዴ

BAKERY

مخبز

መጋገርያ

يزن

ክብደት መመዘን

خضار

ቅጠላ ቅጠል አትክልት

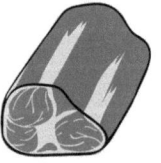

لحم

ስጋ

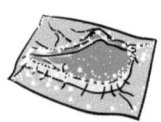

المأكولات المجمّدة

የቀዘቀዘ/የረጋ ምግብ

مرتدلا أو جبن

....

ቀዝቃዛ ቁራጭ

معلبات

....

የታሸገ ምግብ

مسحوق الغسيل

....

የማጠቢያ ዱቄት

حلويات

....

ጣፋጮች

المواد المنزلية

....

የቤት ውስጥ ውጤቶች

منظفات

....

የፅዳት ምርቶች

بائعة

....

የሽያጭ ባለሙያ

صندوق الحساب

....

የገንዘብ መመዝቢያ ማሽን

أمين صندوق

....

የሒሳብ ሰራተኛ

قائمة المشتريات

....

የግዢ ዝርዝር

أوقات العمل

....

ክፍት ሰዓታት

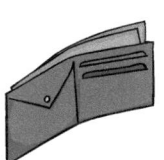

محفظة النقود

....

የኪስ ቦርሳ

بطاقة ائتمان

....

ክሬዲት ካርድ

حقيبة

....

ቦርሳ

كيس بلاستيكي

....

የፕላስቲክ ቦርሳ

مشروبات

መጠጦች

حليب

ወተት

عصير

ጭማቂ

ماء

ውሃ

بيرة

ቢራ

نبيذ

ወይን

كولا

ኮካ-ኮላ

شاي

ሻይ

كاكاو

ኮካ

كحول

አልኮል

كابوتشينو

ካፑቺኖ

قهوة إسبريسو

የተፈላ ቡና

قهوة

ቡና

طعام

ምግብ

موزة

ሙዝ

تفاح

ፖም

برتقال

ብርቱካን

بطيخ

ሀብሀብ

ليمون

ሎሚ

جزرة

ካ ት

ثوم

ነጭ ሽንኩርት

خيزران

ሸምበቆ

بصل

ቀይ ሽንኩርት

فِطر

እንጉዳይ

لوزيات

ለዉዝ

شعيرية

የህፃናት ምግብ

سباغيتي

ፓስታ

أرزّ

ሩዝ

سلطة

ሰላጣ

بطاطا مقلية

የድንች ጥብስ

بطاطا مقلية

ድንች ጥብስ

بيتزا

ፒዛ

هامبورغر

ዳቦ ዉስጥ በስሱ ተጠብሶ የገባ
ስጋ

ساندويش

ሳንድዊች

شريحة لحم مقلية

ጥሬ ስጋ

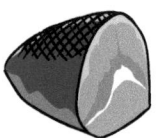

لحم خنزير

የአሳማ ስጋ

سلامي

በቅመምና በጨዉ የታሸ ምግብ
ቀዝቅዞ የሚበላ ሾርባ ምግብ

سجق

ቋሊማ

دجاج

ዶሮ

لحم محمر

ጥብስ

سمك

አሳ

دقيق الشوفان

የአጃ ገንፎ

موسلي

ከወተት ጋር ተደባልቀዉ የሚበሉ ምግቦች

كورن فلكس

የበቆሎ ቅርፊት

طحين

ዱቄት

كرواسان

ኩራሳ

خبز صغير

ድብልብል ዳቦ

خبز

ዳቦ

خبز محمص

መጥበስ

بسكويت

ብስኩት

زبدة

ቅቤ

لبن زبادي

እርጎ

كعكة

ኬክ

بيضة

እንቁላል

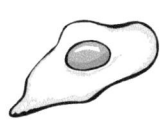

بيض مقلي

እንቁላል ጥብስ

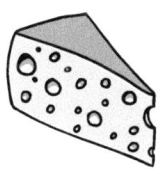

جبنة

አይብ

مثلجات

የበረዶ ክሬም

سكر

ስኳር

عسل

ማር

مربّى الفاكهة

ማርማላት

كريم النوغا

የተናጠ የወተት ክሬም

الكاري

ማጣፈጫ

مزرعة

እርሻ

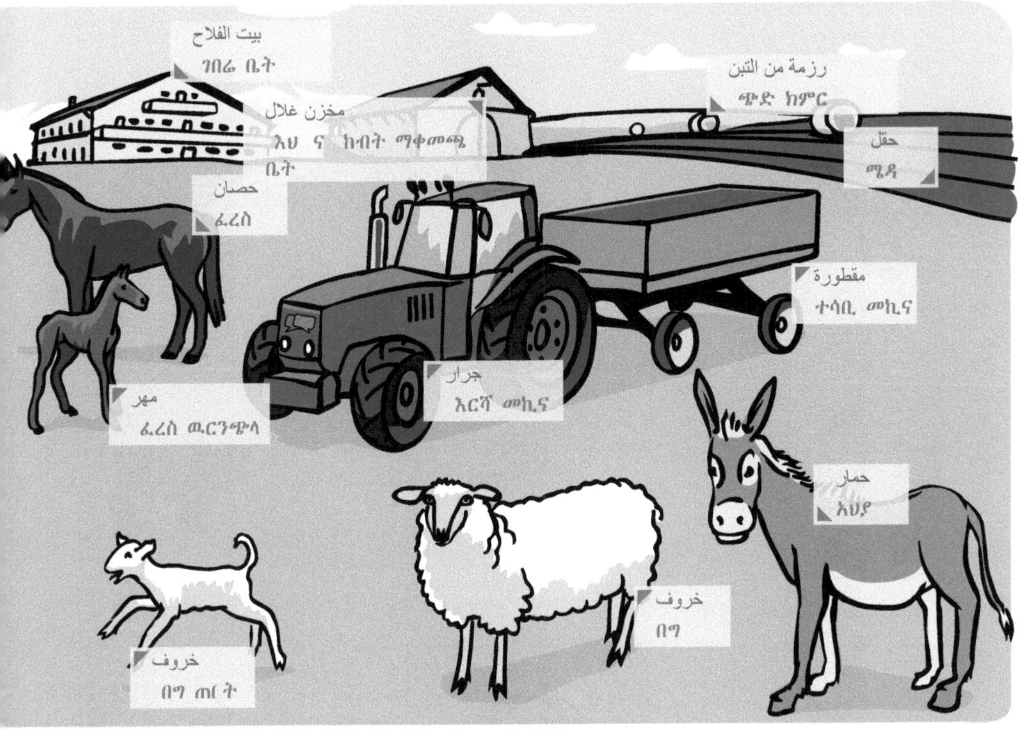

بيت الفلاح
ገበሬ ቤት
مخزن غلال
እህ ና ክብት ማቀመጫ ቤት
رزمة من التبن
ጭድ ክምር
حقل
ሜዳ
حصان
ፈረስ
مقطورة
ተሳቢ መኪና
مهر
ፈረስ ዉርንጭላ
جرار
እርሻ መኪና
حمار
አህያ
خروف
በግ
خروف
በግ ጠ(ት

ماعز
....
ፍ

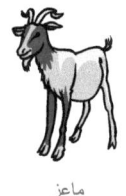

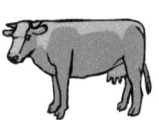

بقرة
....
ላም

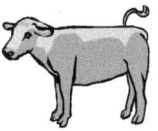

عجل
....
ጥጃ

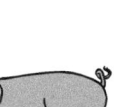

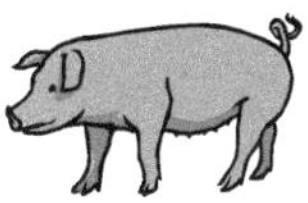
خنزير
....
አሳማ

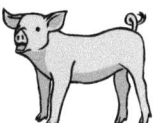

خنزير صغير
....
ግ ገ አሳማ

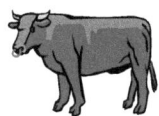

ثور
....
ኮርማ

إوزّة

ዝይ

بطة

ዳክዬ

صوص

የዶሮ ጫጩት

دجاجة

ዶሮ

ديك

አዉራ ዶሮ

جرذ

አይጥ

قطة

ድመት

فأر

አይጥ

ثور

በሬ

كلب

ዉሻ

كوخ الكلب

የዉሻ ቤት

خرطوم الحديقة

የአትክልት ቦታ

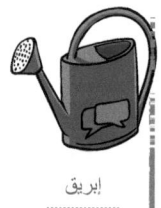

إبريق

ዉሃ ማጠጫ ባልዲ

منجل

ረጅም ማጭድ

المحراث

ማረሻ

منجل

....

ማጭድ

معزقة

....

መኮትኮቻ

مذراة الزبل

....

የእህል መንሽ

بلطة

....

መጥረቢያ

عربة يد

....

ኩርኩር/ የእጅ ጋሪ

معلف

....

ገንዳ

صفيحة الحليب

....

የወተት ዕቃ

كيس

....

ጆንያ ከረጢት

سياج

....

አጥር

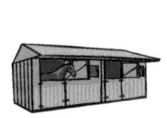

اصطبل

....

የፈረስ ጋጣ

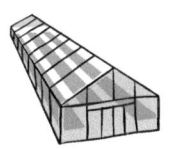

دفيئة

....

ዕፅዋት ማሳደጊያ የመስታዉት ቤት

تربة

....

አፈር

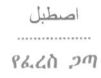

بذور

....

ዘር

سماد

....

የመሬት ማዳበሪያ

حصّادة درّاسة

....

ጥምር ማረሻ

يحصد

አዝመራ መሰብሰብ

محصول

አዝመራ

بطاطا يامس

ድንች

قمح

ስንዴ

صويا

ሶያ

بطاطا

ድንች

ذرة

በቆሎ

سلجم

የከብት መኖ

شجرة فاكهة

የፍሬ ዛፍ

نبات منيهوت

የካሳቫ ዛፍ

الحبوب

እህል

بيت

ቤት

مدخنة
የጪስ ማዉጫ
سقف
ጣራ
مزراب
نافذة
መስኮት
جرس الباب
የበር ደወል
مرآب
ጋራዥ
باب
በር
قمامة
የቀቆሻሻ ማጠራቀሚያ
صندوق البريد
ፖስታ ሳጥን
حديقة
የአትክልት ቦታ

غرفة جلوس

ሳሎን

الحمّام

መታጠቢያ ቤት

مطبخ

ማድቤት

غرفة النوم

መኝታ ቤት

غرفة الأطفال

የልጅ ክፍል

غرفة الطعام

መመገቢያ ክፍል

أرضية

....

ወለል

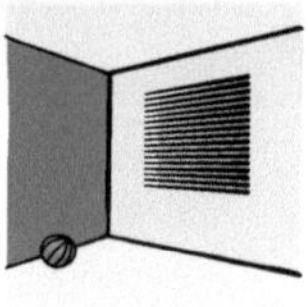

حائط

....

ግድግዳ

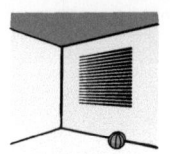

سقف

....

ጣሪያ

قبو

....

ምድር ቤት

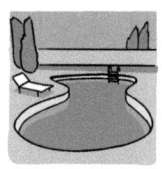

ساونا

....

በእንፋሎት ሙቀት መታጠቢያ ቤት

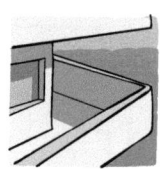

بلكون

....

ሰገነት

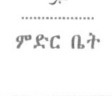

شرفة

....

ከፍ ያለ መደብ

مسبح

....

የመዋኛ ገንዳ

جزّازة العشب

....

የማጨጃ መኪና

بياضات السرير

....

አንሶላ

بطانية

....

የአልጋ ልብስ

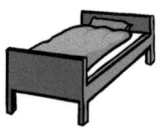

سرير

....

አልጋ

مكنسة

....

መጥረጊያ

سطل

....

ባልዲ

مفتاح كهربائي

....

ማብሪያና ማጥፊያ

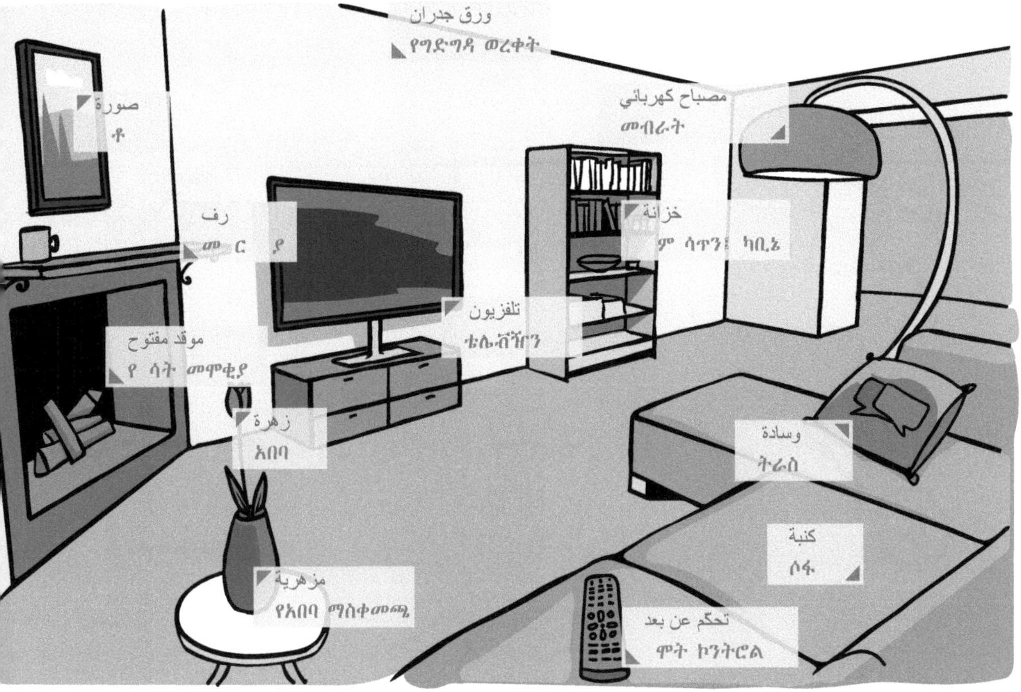

ورق جدران
የግድግዳ ወረቀት
صورة
مصباح كهربائي
መብራት
رف
خزانة
ም ሳጥን፤ ካቢኔ
تلفزيون
موقد مفتوح
የ ሳት መሞቂያ
زهرة
አበባ
وسادة
ትራስ
كنبة
ሶፋ
مزهرية
የአበባ ማስቀመጫ
تحكم عن بعد
ሞት ኮንትሮል

بصاط

ንጣፍ

ستارة

መጋረጃ

طاولة

ጠረጴዛ

كرسي

ወንበር

كرسي هزّاز

ተወዛዋዥ ወንበር

كرسي ذو ذراعين

ባለመ ገፊያ ወንበር

الكتاب

መጽሐፍ

بطانية

ብርድ ልብስ

زخرفة

ጌጥ

الحطب

ማገዶ

فيلم

ፊልም

تجهيزات ستيريو

የሙዚቃ መማጬወቻ

مفتاح

ቁልፍ

جريدة

ጋዜጣ

لوحة مرسومة

ስዕል

مُلصق

የተለጠፈ ማስታወቂያ እንደ ስዕል

راديو

ራዲዮ

دفتر ملاحظات

ማስታወሻ ደብተር

المكنسة الكهربائية

የአየር ማፅጃ ለምንጣፍ

صبّار

ቁልቋል

شمعة

ሻማ

مطبخ

ማድቤት

ማቀዝቀዣ
ማይክሮዌቭ ምግብ
ማብሰያ
ميزان المطبخ
የኩሽና መመዘኛ
ሚዛን
محمصة الخبز
ዳቦ መጥበሻ
منظفات
ንፁህ ማድረጊያ
فرن
ምድጃ
ثلاجة
ማቀዝቀዣ
ማጠራቀሚያ
جَلاية
እቃ ማጠቢያ

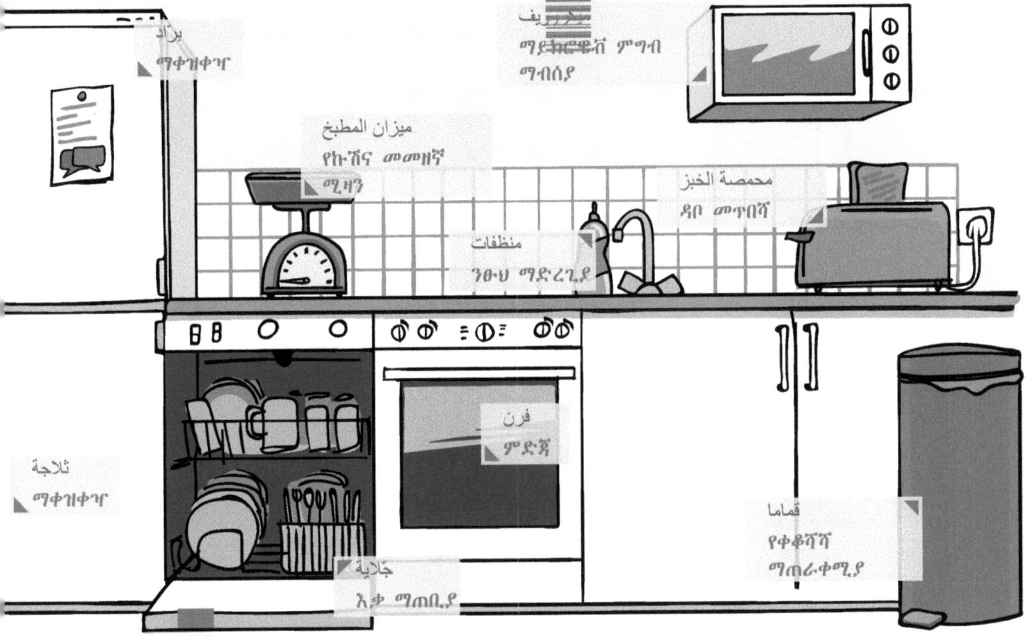

موقد

ምግብ አብሳይ

قِدر

ማሰሮ

وعاء من الحديد

የብረት ማሰሮ

قدر صيني

ምግብ ማብሰያ ዝርግ ድስት

مقلاة

የምግብ መጥበሻ

غلاية

ማንቆርቆሪያ

قدر البخار

የእንፋሎት ማብሰያ

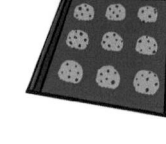

صينية

የመጋገሪያ ትሪ

أواني

ሰብስቦች

فنجان

ትልቅ ኩባያ

صحن

ጎድጓዳ ሳህን

عيدان الأكل

ቾፕስቲክስ

مغرفة

ጭልፋ

ملعقة منبسطة

መሰቅሰቂያ ዝርግ ማንኪያ

خفاقة

ማደባለቂያ

مصفاة

መወጠሪያ

مصفاة

ወንፊት

مبشرة

መፈርፈሪያ መሳሪያ

هاون

ሲሚንቶ

شواء

የፍም ጥብስ

موقد

የተለቀቀ እሳት

لوح التقطيع

....

መክተፊያ

نشّابة

....

ተንሸራታች መርፌ

مفتاح الزجاجات

....

የጠርሙስ መክፈቻ

علبة

....

ጣሳ

مفتاح العلب المعدنية

....

የጣሳ መክፈቻ

قماش الفرن

....

የማሰሮ መሸፈኛ

مجلى

....

ሳህን ማጠቢያ

فرشاة

....

ብሩሽ

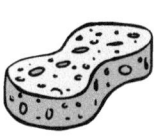

إسفنج

....

ስፖንጅ

خلاط

....

መደባለቂያ መሳሪያ

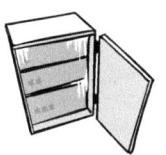

مجمّدة

....

በጣም ማቀዝቀዣ

زجاجة الطفل

....

ጡጦ

صنبور الماء

....

ቧንቧ

الحمّام

መታጠቢያ ቤት

تدفئة
ማሞቂያ
دوش
መታጠቢያ
منشفة
ፎጣ
ستارة الدوش
የመታጠቢያ ቤት መጋረጃ
حمام رغوة
የአረፋ መታጠቢያ
حوض الحمام
የመታጠቢያ ገንዳ
كأس
ብርጭቆ
غسّالة
የልብስ ማጠቢያ
صنبور الماء
ቧንቧ
بلاط
ማዕዘን ወለል
قفازات مطاطية
مجلى
ሳህን ማጠቢያ

حمام

ሽንት ቤት

مرحاض القرفصاء

የሽንት ቤት መቀመጫ

حوض التشطيف

ሳፋ

مبولة

የመንገድ ዳር መሽኛ

ورق المرحاض

የሽንት ቤት ወረቀት

فرشاة الحمام

የሽንት ቤት ማፅጃ ብሩሽ

38 الحمّام - መታጠቢያ ቤት

فرشاة الأسنان

....

የጥርስ ብሩሽ

معجون الأسنان

....

የጥርስ ሳሙና

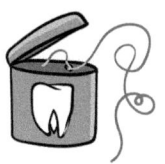

خيط حرير لتنظيف الأسنان

....

የጥርስ ማፅጃ ክር

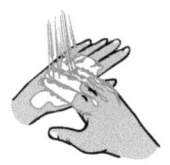

يغسل

....

መታጠብ

رشاش ماء يدوي

....

የእጅ መታጠቢያ

شطاف

....

መታጠቢያ

حوض الغسيل

....

ጎድጓዳ ሳህን

فرشاة الظهر

....

የጀርባ ብሩሽ

صابون

....

ሳሙና

جيل الدوش

....

መታጠቢያ የሚዝለገለግ ሳሙና

شامبو

....

የፀጉር መታጠቢያ ሳሙና

ممسحة

....

ለስላሳ ጨርቅ

مصرف للماء

....

ፍሳሽ

مرهم

....

ክሬም

مزيل الروائح

....

ጠረን መቀየሪያ ንጥረ ነገር

مرآة

መስታወት

مرآة يد

የእጅ መስታወት

موس حلاقة

ምላጭ

رغوة الحلاقة

የመላጫ አረፋ

كولونيا

ከመላጨት በኋላ የሚቀባ ሽቱ

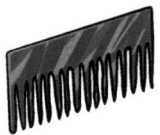

مشط

ማበጠሪያ

فرشاة

ብሩሽ

سشوار

የፀጉር ማድረቂያ

مثبت للشعر

በፀጉር ላይ የሚነፋ

ماكياج

የፊት መቀባቢያ

روج

የከንፈር ቀለም

طلاء أظافر

የጥፍር ቀለም

قطن

የጥጥ ሱፍ

مقص أظافر

ጥፍር መቁረጫ

عطر

ሽቶ

سلة الغسيل

....

ጠቢያ ባልዲ

مقعد صغير

....

መቀመጫ

ميزان

....

ሚዛን

معطف الحمام

....

የመታጠቢያ ልብስ

قفازات مطاطية

....

የላስቲክ ጓንት

سدادة قطنية

....

ሞዴስ

منشفة صحية

....

የፅዳት ፎጣ

تواليت كيميائية

....

የሽንት ቤት ኬሚካል

غرفة الأطفال

የልጅ ክፍል

منبه
የማንቂያ ደዉል ሰዐት
الحيوانات المحنطة
የህፃን አሻንጉሊት
سيارة لعبة
የመጫወቻ መኪና
خشخشة
ማንገጫገጫ
መጫወቻ
بيت الدمى
የአሻንጉሊት ቤት
هدية
ስጦታ

بالون

ፊኛ

سرير

አልጋ

عربة الأطفال

የህፃን ማንሸራሸሪያ ጋሪ

لعبة الورق

የካርታ መጫወቻ

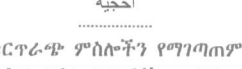

أحجية

ቁርጥራጭ ምስሎችን የማገጣጠም
እና ምስል የማግኘት ጨዋታ

رسوم هزلية

አዝናኝ

أحجار الليغو

....

ተገጣጣሚ መጫወቻ

حجارة تركيب

....

የመጫወቻ መገጣጠሚያዎች

دمية بطل

....

የድርጊት ምስል

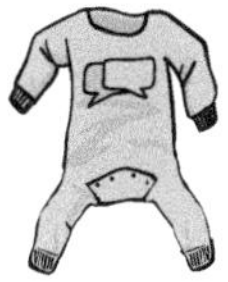

لباس الطفل

....

የህፃን እድገት

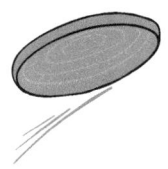

فريسبي

....

የፕላስቲክ መጫወቻ ዝርግ ሰሀን

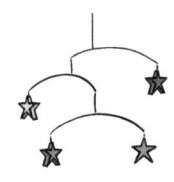

دمية معلّقة

....

ተወዛዋዥ የህፃን ማጫወቻ

لعبة الطاولة

....

የሰሌዳ ጨዋታ

لعبة النرد

....

የመጫወቻ ጠጠር

لعبة قطار

....

የመጫወቻ ባቡር

مصّاصة

....

የእንጀራ እናት ጡጦ

حفلة

....

ድግስ

كتاب مصوّر

....

የስዕል መፅሀፍ

كرة

....

ኳስ

دمية

....

አሻንጉሊት

يلعب

....

መጫወት

ملعب رملي للأطفال

....

አሸዋ መጫወቻ

أرجوحة

....

ዥዋዥዌ

لعبة

....

መጫወቻዎች

ألعاب فيديو

....

ቪዲዮ መጫወቻ

دراجة ثلاثية

....

ባለ ሶስት ጎማ ብስክሌት

دمية على شكل الدب

....

አሻንጉሊት ድብ

خزانة الثياب

....

ቁምሳጥን

ثياب

አልባሳት

جوارب قصيرة

....

ካልሲዎች

جوارب طويلة

....

ስቶኪንጎች

جورب بنطلون

....

ታይት

شال
የአንገት ልብስ

شمسية
ዣንጥላ

تي شيرت
ክናፈ

حزام
ቀበቶ

حذاء شتوي
ቡቲ

شبشب
የቤት ዉስጥ ነጠላ
ጫማ

أحذية رياضية
ስኒከሮች

صندل

نطላ ጫማዎች

حذاء

ጫማዎች

جزمة كاوتشوك

የዝናብ ቡትስ

سروال داخلي

ሙታንታ

صدّارة

ጡት መያዣ

قميص داخلي

ሰደርያ

لباس ملاصق للجسم

....

ሰዉነት

بنطلون

....

ሱሪዎች

جينز

....

ጅንስ

تنورة

....

ጉርድ ቀሚስ

بلوزة

....

ሸሚዝ

قميص

....

ሸሚዝ

سترة قطنية

....

የሚጠለቅ ሹራብ

كنزة كم طويل

....

ሹራብ

سترة فضفاضة

....

ዩኒፎርም ጃኬት

سترة

....

ጃኬት

معطف

....

ኮት

معطف مطري

....

የዝናብ ኮት

زي - طقم نسائي

....

ልብስ

ثوب

....

ቀሚስ

ثوب الزفاف

....

የሙሽራ ቀሚስ

طقم

ሱፍ

قميص نوم

የለሊት ልብስ

بيجاما

የለሊት ልብስ

ساري

ረጅም ቀሚስ

حجاب

ሂጃብ

عمامة

ጥምጣም

برقع

ቡርቃ

قفطان

ሽርጥ

عباءة

አባያ

مايوه

የዋና ልብስ

سروال سباحة

አጭር ቁምጣ

شرت

ቁምጣዎች

بدلة رياضية

የስራ ቱታ

مئزر

ሽርጥ

قفازات

ጓንት

زر
....
ቁልፍ

نظّارة
....
መነፅር

إسوارة
....
አምባር

عقد
....
የአንገት ሀብል

خاتم
....
ቀለበት

قرط
....
የጆሮ ጌጥ

طاقيّة
....
ኮፍያ

علاقة ثياب
....
የኮት መስቀያ

قبّعة
....
ኮፍያ

ربطة العنق
....
ከረቫት

سحّاب
....
ዚፕ

خوذة
....
የብረት ቆብ

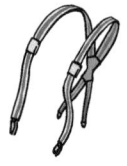

حمّالة البنطلون
....
መደገፊያ

اللباس المدرسي
....
የትምህርት ቤት የደንብ ልብስ

زي موحّد
....
የደንብ ልብስ

مريلة الأطفال

....

መሃረብ

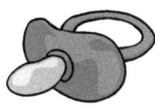

مصّاصة

....

የእንጀራ እናት ጡጦ

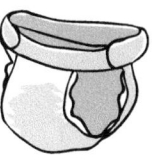

لفافة

....

ሽንት ጨርቅ

مكتب

ቢሮ

المخدّم
خزانة الملفات
የፋይል መደርደሪያ ካቢኔ
طابعة
የህትመት መሳሪያ
ورقة
ወረቀት
شاشة
መቆጣጠሪያ
طاولة المكتب
መፃፊያ ጠረጴዛ
فارة
ملف
ማህደር
لوحة المفاتيح
የመፃፊ ቁልፎች
قماما
የቆሻሻ ወረቀት መጣያ ቅርጫት
حاسوب
كرسي
ወንበር

كأس من القهوة

....

የቡና መጠጫ ትልቅ ኩባያ

الآلة الحاسبة

....

ማስሊያ ማሽን

الإنترنت

....

ኢንተርኔት

مكتب - ቢሮ

الحاسوب المحمول

....

ላፕቶፕ

رسالة

....

ደብዳቤ

خبر

....

መልዕክት

الهاتف المحمول

....

ተንቀሳቃሽ ስልክ

شبكة

....

የግንኙነት አዉታር

جهاز تصوير

....

ማባዣ ማሽን

البرمجيات

....

ሶፍትዌር

هاتف

....

ስልክ

مقبس كهربائي

....

የግድግዳ ሶኬት

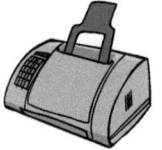

فاكس

....

የፋክስ ማሽን

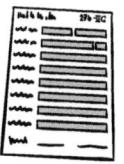

استمارة

....

ቅፅ

وثيقة

....

ሰነድ

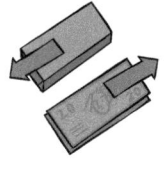

يشتري

መግዛት

يدفع

መክፈል

يتاجر

መነገድ

مال

ገንዘብ

دولار

ዶላር

يورو

ዩሮ

ين

የን

روبل

ሩብል

فرنك سويسري

የስዊዝ ፍራንክ

يوان

ሬንሚንቢ, ዩዋን

روبية

ሩፒ

صرّاف آلي

የገንዘብ ነጥብ

مكتب صرافة

የዉጭ ገንዘብ ምንዛሪ ቢሮ

ذهب

ርቅ

ضة

ብር

نفط

ዘይት

طاقة

ሀይል፤ ጉልበት

سعر

ዋ

عقد

ግንኙነት

ضريبة

ቀረጥ

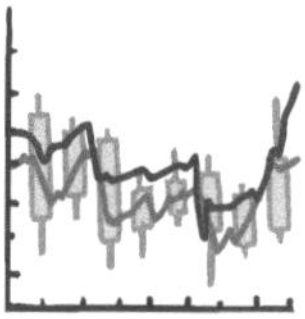

سهم

አክስዮን

يعمل

ስራት

موظف

ቀጣሪ

رب العمل

ቀጣሪ

مصنع

ፋብሪካ

متجر

ሱቅ

المِهَن

የስራ ሙያዎች

الشرطي
ፖሊስ ዛዥ
رجل إطفاء
እሳት ደጋ ሰራተኛ
طبّاخ
ግብ ብሳይ
الطبيب
ዶክተር
طيّار
ብራሪ

بستاني

....

ትክ ተኛ

نجّار

....

ጢ

خيّاطة

....

ብስ ሰፊ ሴት

قاض

....

ዳኛ

كيميائي

....

ቀማሚ

ممثل

....

ተዋ ይ

سائق حافلة

....

የአዉቶቢስ ሹፌር

سائق تاكسي

....

የታክሲ ሹፌር

صياد سمك

....

አሳ አጥማጅ

أجيرة للتنظيف

....

ፅዳት ሰራተኛ

بنّاء سقف

....

የጣራ ሰራተኛ

نادل

....

አስተናጋጅ

صيّاد

....

አዳኝ

رسّام

....

ሰዓሊ

خباز

....

ጋጋሪ

كهربائي

....

የኤሌትሪክ ሰራተኛ

عامل بناء

....

ገምቢ

مهندس

....

መሃንዲስ

لحّام

....

ልኳንዳ

سمكري

....

የቧንቧ ሰራተኛ

ساعي البريد

....

የፖስታ ሰራተኛ

جندي

ወታደር

مهندس معماري

መሃንዲስ

أمين صندوق

የሒሳብ ሰራተኛ

بائع الزهور

አበባ ሻጭ

حلاق

የፀጉር ሰራተኛ

مراقب القطار

ቲኬት ቆራጭ

ميكانيكي

መካኒክ

قبطان

ካፒቴን

طبيب أسنان

የጥርስ ሐኪም

رجل العلم

ተመራማሪ

حاخام

መምህር

إمام

የሙስሊም ሃይማኖታዊ መሪ

راهب

መነኩሴ

كاهن

ካህን

عدة عمل

መሳሪያዎች

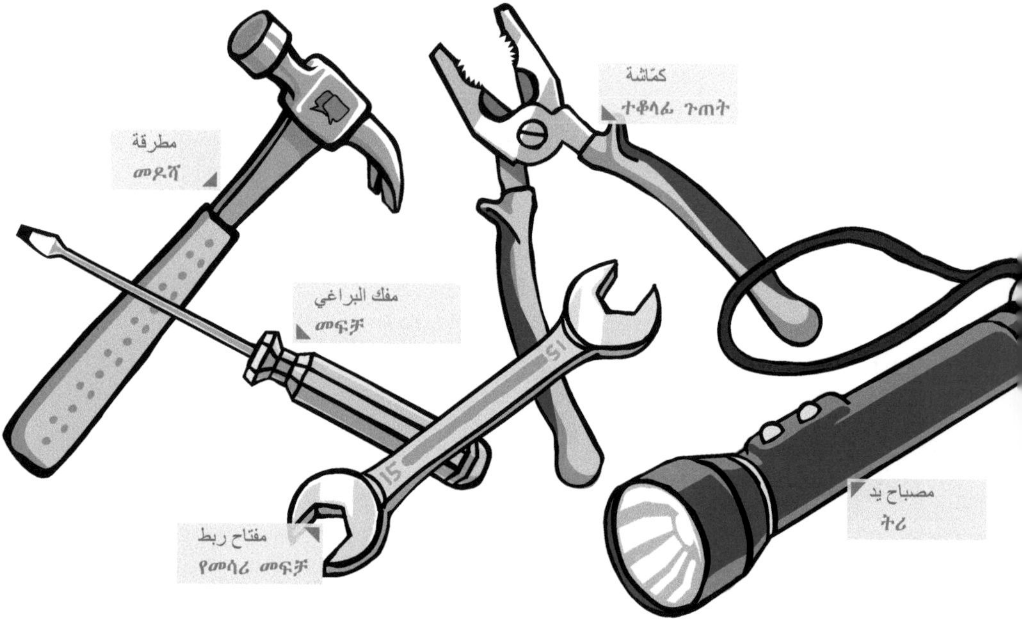

مطرقة
መዶሻ
كمّاشة
ተቆላፊ ጉጠት
مفك البراغي
መፍቻ
مفتاح ربط
የመሳሪ መፍቻ
مصباح يد

جرافة

በቁፋሮ የሚዝቅ

صندوق العدة

የመፍቻ ሳጥን

سلّم

መሰላል

منشار

መጋዝ

مسامير

ምስማር

مثقب

መሰርሰሪያ

يصلح

መጠገን

مجرفة

አካፋ

اللعنة

የተረገመ!

لقاطة الكناسة

ቆሻሻ ማፈሻ

سطل الألوان

የቀለም ቆርቆሮ

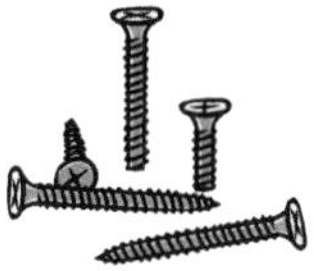

براغي

ብሎን

آلات موسيقية

የሙዚቃ መሳሪያዎች

مكبر الصوت
የድምፅ ማጉያ መሳርያ
آلات الإيقاع
የከበሮ መሳሪያዎች
غيتار
ክራር መሰል የሙዚቃ መሳሪያ
كمان أجهر
ድርብ ቤዝ ጊታር
بوق
የትንፋሽ ሙዚቃ መሳሪያ

بيانو

ፒያኖ

كمنجة

ቫዮሊን

جهير

ወፍራም፤ ጎርናና ድምፅ ያለዉ ክራር መሰል ሙዚቃ መሳሪያ

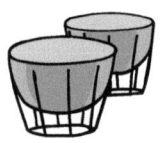

طبل كبير

ነጋሪት

طبل

ከበሮ

بيانو كهربائي

በኤሌክትሪክ የሚሰራ ፒኖ

ساكسوفون

የትንፋሽ ሙዚቃ መሳሪያ

ناي

ዋሽንት

ميكروفون

የድምፅ ማጉያ

حديقة حيوانات

የደር እንስሳት ማቆያ

مدخل
መግቢያ
نمر
ነብር
قفص
ሳጥን
حمار الوحش
የሜዳ አህያ
علف للحيوانات
የእንስሳ ምግብ
دب باندا
ትልቅ ድብ

حيوانات

እንስሳቶች

فيل

ዝሆን

كنغر

ካንጋሮ

وحيد القرن

አዉራሪስ

غوريلا

ትልቅ ዝንጀሮ

دب

ድብ

جمل
....
ግመል

نعامة
....
ሰጎን

أسد
....
አንበሳ

قرد
....
ጦጣ

طائر فلامينغو
....
ቅልጥመ ረዥም ወፍ

ببغاء
....
በቀቀን

دب قطبي
....
የወዋልታ ድብ

بطريق
....
የዋልታ ወፎች

سمك القرش
....
ረጅም ጥርሶች ያሉትአሳ ነባሪ

طاووس
....
ጣዎስ

أفعى
....
እባብ

تمساح
....
አዞ

حارس في حديقة الحيوان
....
የዱር አራዊት የሚጠበቁበት ማቆያን የሚጠብቅ

عجل البحر
....
አሳ በሊታ የባህር እንስሳ

نمر أمريكي مرقط
....
የዱር ድመት

فرس قزم

....

ድንክ ፈረስ

نمر

....

ነብር

فرس النهر

....

ጉማሬ

زرافة

....

ቀጭኔ

نسر

....

ንስር

خنزير برّي

....

ከርከሮ

سمك

....

አሳ

سلحفاة

....

የባህር ኤሊ

حيوان فظ البحري

....

የባህር አዉሬ

ثعلب

....

ቀበሮ

غزال

....

የሜዳ ፍየል፤ ሚዳቋ

የስፖርት አይነቶች

كرة القدم الأمريكية
አሜሪካ እግርኳስ
ركوب الدراجات
ብስክሌት ስፖርት
كرة التنس
كرة السلة
ቅርጫት ኳስ
السباحة
ና
الملاكمة
ጢ ስፖርት
هوكي الجليد
በረዶ ላይ ገና ጨ ታ

كرة القدم

እግር ኳስ

الريشة الطائرة

ላበ ኳስ ጨ ታ

ألعاب القوى الخفيفة

አትሌቲክስ

كرة اليد

እጅ ኳስ ስፖርት

التزلج على الثلج

በረዶ መንሸራተት ስፖርት

بولو

ረስ ግልቢያ

نشاطات

እንቅስቃሴዎች

يكتب

መፃፍ

يرسم

መሳል

يُري

ማሳየት

يدفع

መግፋት

يعطي

መስጠት

يأخذ

መዉሰድ

يملك

....

መያዝ

يعمل

....

ማድረግ

يوجد

....

መሆን

يقف

....

መቆም

يركض

....

መሮጥ

يسحب

....

መሳብ

يرمي

....

መወርወር

يقع

....

መዉደቅ

يستلقي

....

መዋሸት

ينتظر

....

መጠበቅ

يحمل

....

መሸከም

يجلس

....

መቀመጥ

يلبس

....

መልበስ

ينام

....

መተኛት

يستيقظ

....

መንቃት

ينظر إلى ..

....

መመልከት

يبكي

....

ማልቀስ

يمسّد

....

መጫር

يمشّط

....

ማበጠር

يتكلم

....

ማዉራት

يفهم

....

መረዳት

يسأل

....

ጥያቄ

يسمع

....

ማዳመጥ

يشرب

....

መጠጣት

يأكل

....

መብላት

يرتب

....

ማንፃት

يحب

....

ማፍቀር

يطبخ

....

ምግብ ማብሰል

يقود

....

መንዳት

يطير

....

መብረር

يبحر بزورق شراعي

....

መርከብ መንዳት

يحسب

....

ቁጥሮችን ማስላት

يقرأ

....

ማንበብ

يتعلم

....

መማር

يعمل

....

መስራት

يتزوج

....

ማግባት

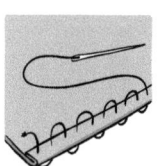

يخيط

....

መስፋት

ينظف أسنانه

....

ጥርስ መቦረሽ

يقتل

....

መግደል

يدخّن

....

ማጨስ

يرسل

....

መላክ

عائلة

ቤተሰብ

جدّة
የሴት አያት
جدّ
የወንድ አያት
أب
አባት
أم
እናት
الطفل
ህፃን
ابنة
ሴት ልጅ
ابن
ወንድ ልጅ

ضيف

እንግዳ

عمّة / خالة

አክስት

عمّ / خال

አጎት

أخ

ወንድም

أخت

እህት

الجبين
ግንባር

العين
ዓይ

الوجه
ፉ

الذقن
አገጭ

الصدر
ጡት

الإصبع
ጣት

اليد
ኢጅ

الذراع
ክንድ

الكتف
ትከሻ

الساق
እግር

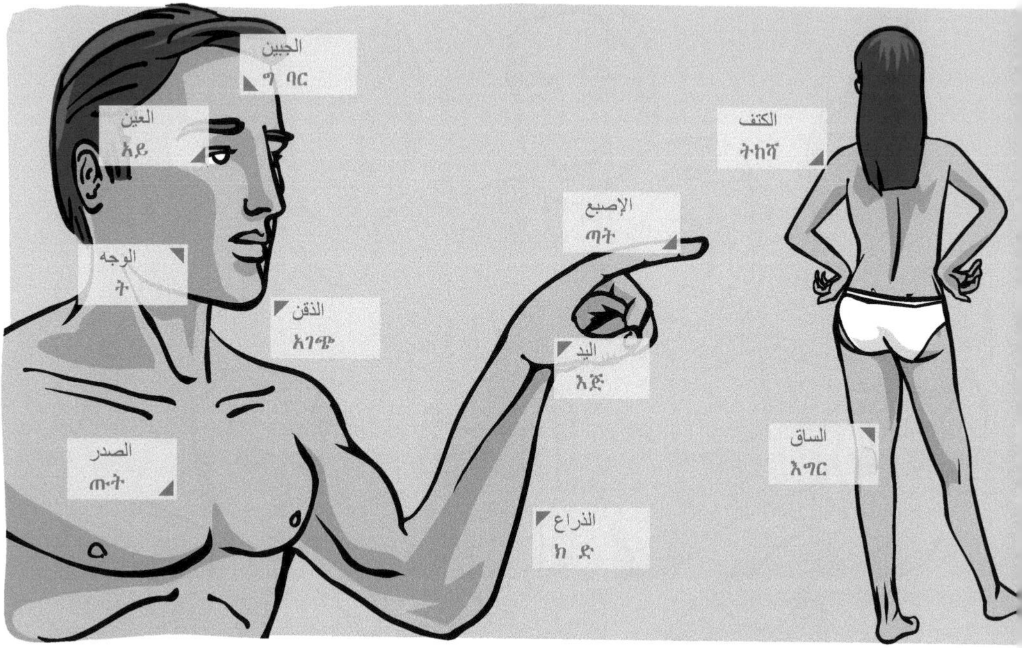

الطفل

ህፃ

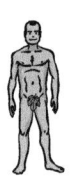

الرجل

ሰዉ

المرأة

ሴት

البنت

ልጃገረድ

الولد

ወድ ልጅ

الرأس

ራስ

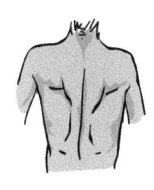

الظهر

ጀርባ

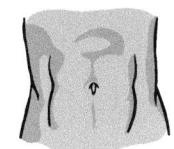

البطن

ሆድ

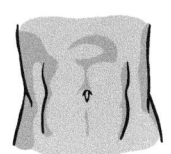

السرّة

እምብርት

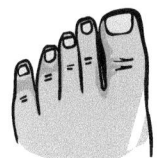

إصبع القدم

የእግር ጣት

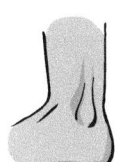

الكعب

ተረከዝ

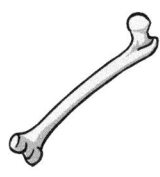

العظم

አጥንት

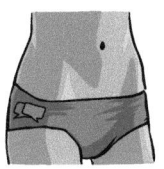

الورك

ዳሌ

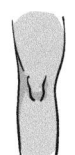

الركبة

ጉልበት

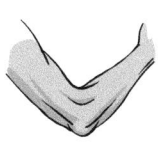

المِرفق

ክርን

الأنف

አፍንጫ

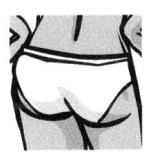

العَجُز

ቂጥ

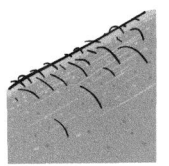

البشرة

ቆዳ

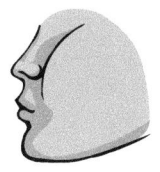

الخد

ጉንጭ

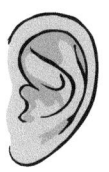

الأذن

ጆሮ

الشفة

ከንፈር

الفم

አፍ

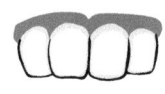

السن

ጥርስ

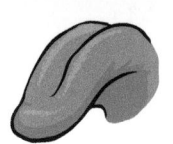

اللسان

ምላስ

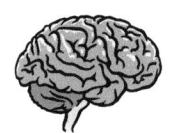

الدماغ

አንጎል

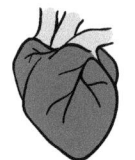

القلب

ልብ

العضلة

ጡንቻ

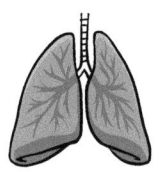

الرئة

ሳምባ

الكبد

ጉበት

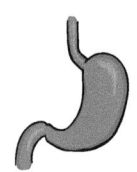

المعدة

ሆድ

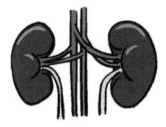

الكِلى

ኩላሊቶች

الاتصال الجنسي

የግብረስጋ ግንኙነት

الواقي المطاطي

ኮንዶም

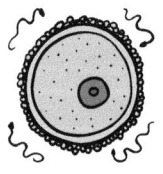

البويضة

የሴት እንቁላል

المنيّ

የዘር ፈሳሽ

الحمل

እርግዝና

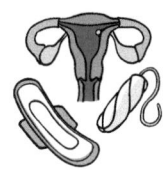

الحيض
....
የወር አበባ

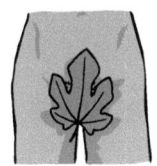

المهبل
....
እምስ

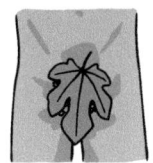

القضيب
....
ቁላ

الحاجب
....
ቅንድብ

الشعر
....
ፀጉር

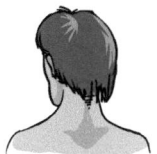

الرقبة
....
አንገት

المستشفى

ሆስፒታል

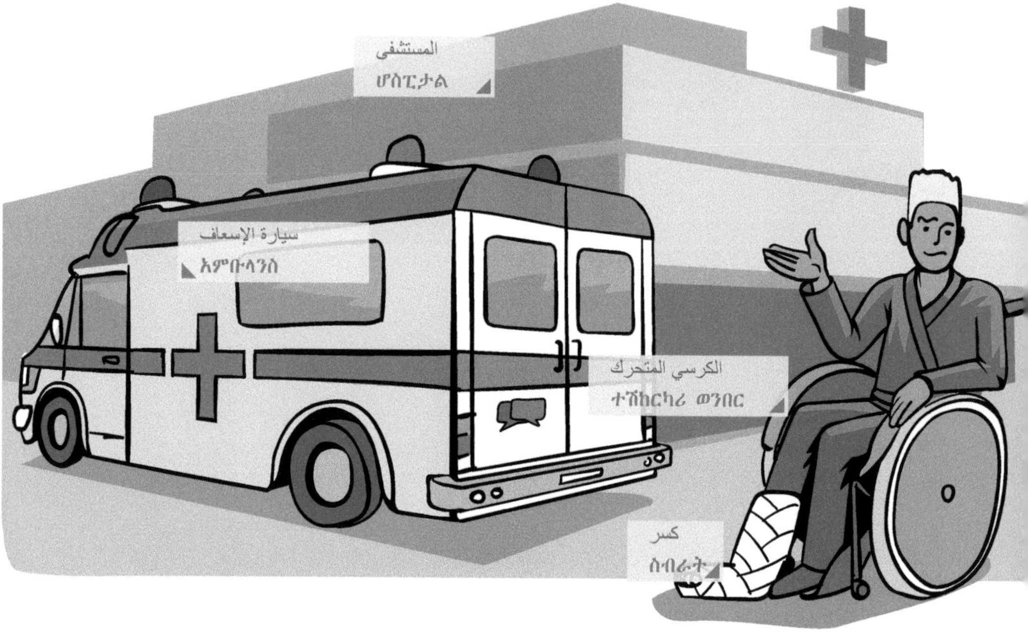

المستشفى
ሆስፒታል
سيارة الإسعاف
አምቡላንስ
الكرسي المتحرك
ተሽከርካሪ ወንበር
كسر
ስብራት

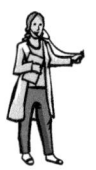

الطبيب

ዶክተር

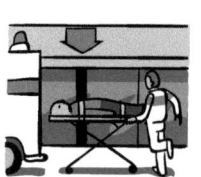

غرفة الإسعاف

ድንገተኛ ክፍል

الممرضة

ነርስ

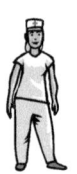

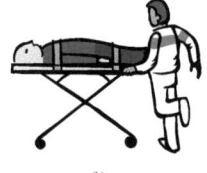

حالة

ድንገተኛ

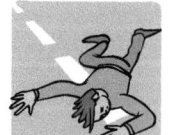

مغمى عليه

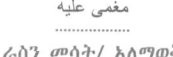

ራስን መሳት/ አለማወቅ

الألم

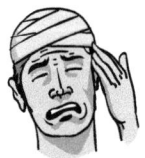

ህመም

إصابة

ጉዳት

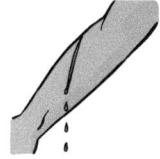

النزيف

መድማት

احتشاء القلب

የልብ ድካም

جلطة

ስትሮክ

حسسية

አለርጂ

السعال

ሳል

الحُمّى

ትኩሳት

إنفلونزا

ኢንፍሉዌንዛ

الإسهال

ተቅማጥ

وجع الرأس

የራስ ምታት

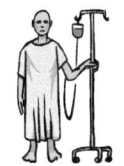

السرطان

ካንሰር

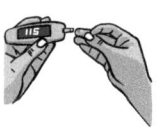

مرض السكر

የስኳር በሽታ

جرّاح

ቀዶ ጠጋኝ ሐኪም

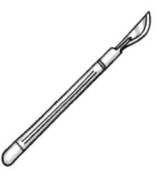

مبضع

የቀዶ ጥገና ስለት

عملية

ቀዶ ጥገና

سيتي سكان

ሲቲ

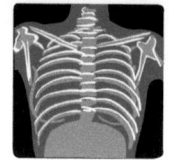

الأشعة السينية

ኤክስሬዮ

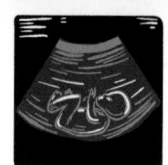

فوق الصوتي

አልትራሳዉንድ

القناع

የፊት ጭምብል

المرض

በሽታ

غرفة الانتظار

መጠበቂያ ክፍል

العُكاز

ምርኩዝ

شريط لاصق

የቁስል ማሸጊያ

ضماد

ፋሻ

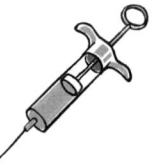

حقنة

መርፌ

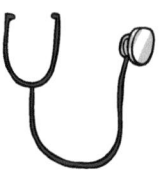

سمّاعة الطبيب

የልብ ምት ማዳመጫ መሳሪያ

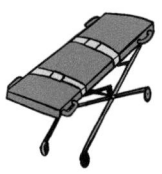

نقالة

የበሽተኛ አልጋ

ميزان حرارة

የህክምና ሙቀት መለኪያ መሳሪያ

ولادة

መውለድ

وزن زائد

ከልክ ያለፈ ክብደት

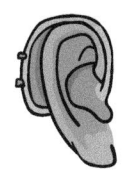

جهاز السمع

ለመስማት የሚረዳ መሳሪያ

المواد المعقمة

ፀረ ተባይ መድሀኒት

عدوى

ማመርቀዝ

فيروس

ቫይረስ

الإيدز

ኤች አይቪ ኤድስ

الطب

ህክምና

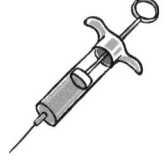

اللقاح

ክትባት

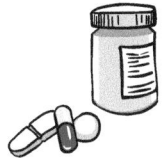

أقراص الدواء

ኪኒን

حبّة الدواء

ኪኒን

نداء النجدة

አስቸኳይ የስልክ ጥሪ

مقياس ضغط الدم

ደም ግፊት መቆጣጠሪያ

مريض / صحيح

ህመም/ ጤንነት

حالة

ድንገተኛ

النجدة!

እርዳታ!

إنذار

ማንቂያ ደዉል

اعتداء

ጥቃት

هجوم

ድብደባ

خطر

አደጋ

مخرج طوارئ

የድንገተኛ መዉጫ

حريق!

እሳት!

جهاز الإطفاء

እሳት ማጥፊያ

حادث

አደጋ

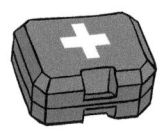

حقيبة الإسعاف الأولي

የመጀመሪያ እርዳታ መድሃኒት መያዣ

أنقذونا

ነፍስ አድን

الشرطة

ፖሊስ

أوروبا
....
አዉሮፓ

أمريكا الشمالية
....
ሰሜን አሜሪካ

أمريكا الجنوبية
....
ደቡብ አሜሪካ

أفريقيا
....
አፍሪካ

آسيا
....
እስያ

أستراليا
....
አዉስትራሊያ

المحيط الأطلسي
....
አትላንቲክ

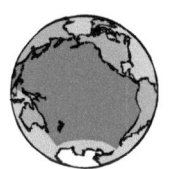

المحيط الهادي
....
ፓስፊክ

المحيط الهندي
....
የህንድ ዉቅያኖስ

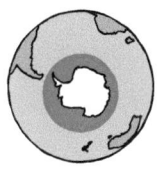

المحيط المتجمد الجنوبي
....
አንታርክቲክ ዉቅያኖስ

المحيط المتجمد الشمالي
....
አርክቲክ ዉቅያኖስ

القطب الشمالي
....
ሰሜን ዋልታ

أرض

....

ምድር

منطقة القطب الجنوبي

....

አንታርክቲካ

القطب الجنوبي

....

ደቡብ ዋልታ

جزيرة

....

ደሴት

بحر

....

ባህር

بر

....

መሬት

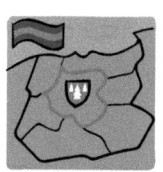

دولة

....

መንግስት

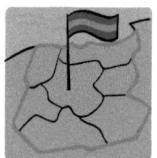

أمة

....

አገርና ህዝብ

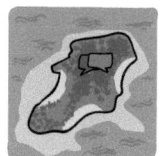

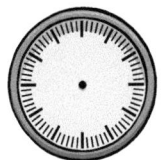

ساعة

ሰዓት

عقرب الدقائق

ደቂቃ

عقرب الساعات

ሰዓት

ميناء الساعة

የሰዓት ገፅታ

يوم

ቀን

كم الساعة الآن؟

ስንት ሰዓት ነው?

عقرب الثواني

ሴኮንድ

ساعة رقمية

የቁጥር ሰዐት

الآن

አሁን

زمن

ጊዜ

ساعة

ሰዓታት

دقيقة

ደቂቃ

ساعة - ሰዓት

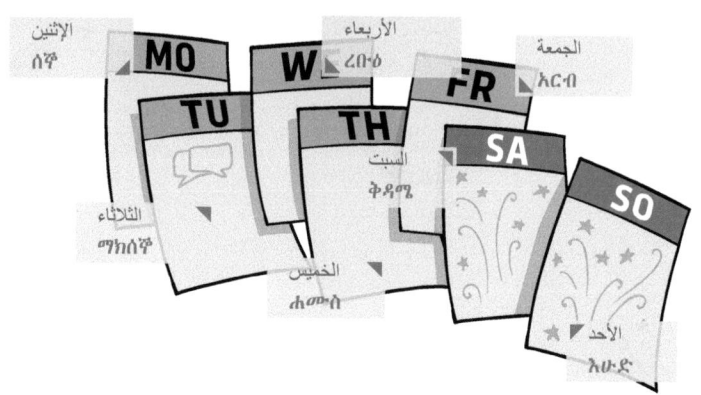

الإثنين — ሰኞ — MO
الثلاثاء — ማክሰኞ — TU
الأربعاء — ረቡዕ — W
الخميس — ሐሙስ — TH
الجمعة — ኣርብ — FR
السبت — ቅዳሜ — SA
الأحد — እሁድ — SO

الأمس

ትላንት

اليوم

ዛሬ

غدا

ገ

الصباح

ማለዳ

الظهر

ቀትር

المساء

ምሽት

أيام العمل

የስራ ቀናት

نهاية الأسبوع

የዕረፍት ቀናት

80 أسبوع - ሳምንት

مطر
ዝናብ

قوس قزح
ቀስተ ደመና

ثلج
ጥጥ የሚመስል አመዳይ
በረዶ
ንፋብ

الربيع
ፀደይ

الصيف
በጋ

الخريف
መኸር

الشتاء
ክረምት

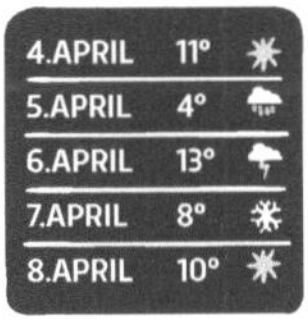

4.APRIL	11°
5.APRIL	4°
6.APRIL	13°
7.APRIL	8°
8.APRIL	10°

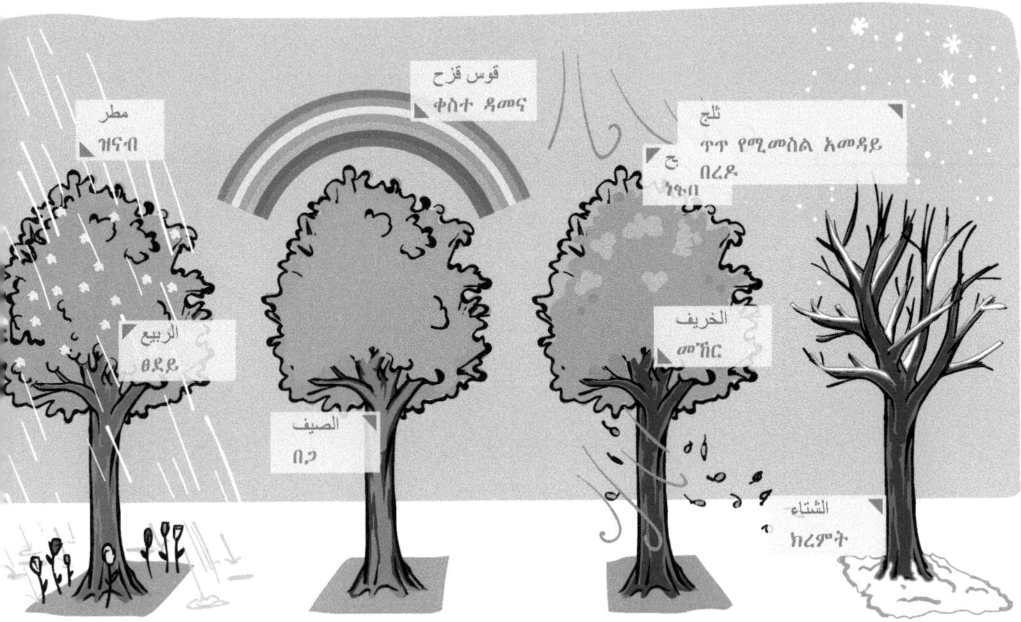

التنبّؤ بالحالة الجوية

የአየር ሁኔታ ትንበያ

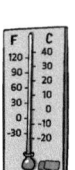

مقياس حرارة

የሙቀት መለኪያ

ضوء الشمس

የፀሐይ ሙቀት

سحابة

ደመና

ضباب

ጭጋግ

رطوبة الجو

እርጥበታማነት

برق

መብረቕ

رعد

ነጎድጓድ

عاصفة

ኣዉሎ ንፋስ

بَرَد

የበረዶ ዝናብ

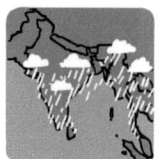

ريح موسمية

ኣዉሎ ንፋስ

طوفان

ጎርፍ

جليد

በረዶ

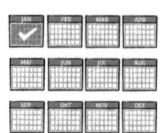

كانون الثاني / يناير

ጥር

شباط / فبراير

የካቲት

آذار / مارس

መጋቢት

نيسان / أبريل

ሚያዚያ

أيار / مايو

ግንቦት

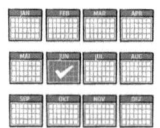

حزيران / يونيو

ሰኔ

تموز / يوليو

ሐምሌ

آب / أغسطس

ነሀሴ

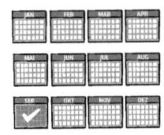

أيلول / سبتمبر

መስከረም

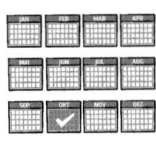

تشرين الأول / أكتوبر

ጥቅምት

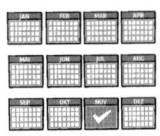

تشرين الثاني / نوفمبر

ህዳር

كانون الأول / ديسمبر

ታህሳስ

أشكال

ቅርፆች

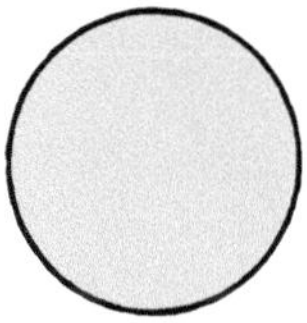

دائرة

ክብ

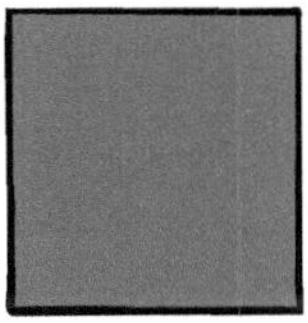

مربّع

አራት ማዕዘን

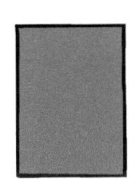

مستطيل

አራት ቀጥተኛ ማዕዘኖች ጎኖች ያሉት ቅርፅ

مثلث

ሶስት ማዕዘን

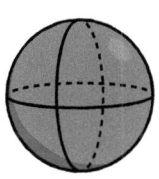

كرة

ሉል

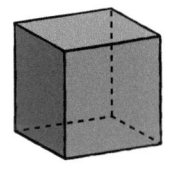

مكعب

ስድስት ጎን ያለዉ ቅርፅ

ألوان

ቀለማት

أبيض

ነጭ

أصفر

ቢጫ

برتقالي

ብርቱካናማ

وردي

ሮዝ

أحمر

ቀይ

بنفسجي

ወይን ጠጅ

أزرق

ሰማያዊ

أخضر

አረንጓዴ

بنّي

ቡኒ

رمادي

ግራጫ

أسود

ጥቁር

الأضداد

ተቃራኒዎች

كثير / قليل

ብዙ/ ጥቂት

غضبان / هادئ

ንዴት/ እርጋታ

جميل / قبيح

ቆንጆ/ አስቀያሚ

بداية / نهاية

ጅማሬ/ ፍፃሜ

كبير / صغير

ትልቅ/ ትንሽ

فاتح / قاتم

ደማቅ/ ደብዛዛ

أخ / أخت

ወንድም/ እህት

نظيف / وسخ

ንፁህ/ ቆሻሻ

كامل / ناقص

የተሟላ/ ያልተሟላ

نهار / ليل

ቀን/ ምሽት

ميت / حيّ

የሞተ/ ህያዉ

عريض / ضيّق

ሰፊ/ ጠባብ

مثير / ممل

ደስተኛ/ ድብርተኛ

شرّير / لطيف

ክፉ/ ደግ

صالح للأكل / غير صالح

የሚበላ/ የማይበላ

صديق / عدو

ጓደኛ/ ጠላት

أولا / أخيراً

መጀመርያ/ መጨረሻ

سمين / نحيف

ወፍራም/ ቀጭን

ثقيل / خفيف

ከባድ/ ቀላል

صلب / ليّن

ጠንካራ/ ለስላሳ

مليء / فارغ

ሙሉ/ ጎዶሎ

غير شرعي / شرعي

ህገወጥ/ ህጋዊ

مريض / صحيح

ህመም/ ጤንነት

جوع / عطش

ረሃብ/ ጥማት

قريب / بعيد

ቅርብ/ ሩቅ

يسار / يمين

ግራ/ ቀኝ

ذكي / غبي

ጎበዝ/ ደደብ

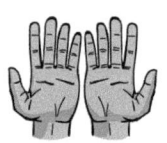

جديد / مستعمل

....

አዲስ/ አሮጌ

لا شيء / بعض الشيء

....

ምንም/ የሆነ ነገር

مسِن / شاب

....

ሽማግሌ/ ወጣት

يشعل / يطفئ

....

የበራ/ የጠፋ

مفتوح / مغلق

....

ክፍት/ ዝግ

خافت / عالٍ

....

ፀጥታ/ ጫጫታ

غني / فقير

....

ሃብታም/ ደሃ

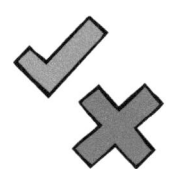

صح / خطأ

....

ትክክለኛ/ የተሳሳተ

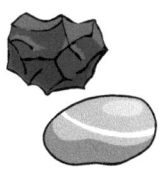

أحرش / املس

....

ሻካራ/ ለስላሳ

حزين / سعيد

....

ሐዘን/ ደስታ

قصير / طويل

....

አጭር/ ረዥም

بطيء / سريع

....

ዝግተኛ/ ፈጣን

مبلول / جاف

....

እርጥብ/ ደረቅ

ساخن / بارد

....

ሞቃት/ ቀዝቃዛ

حرب / سلم

....

ጦርነት/ ሰላም

0

صفر

ዜሮ

1

واحد

አንድ

2

اثنان

ሁለት

3

ثلاثة

ሶስት

4

أربعة

አራት

5

خمسة

አምስት

6

ستة

ስድስት

7

سبعة

ሰባት

8

ثمانية

ስምንት

9

تسعة

ዘጠኝ

10

عشرة

አስር

11

أحد عشر

አስራ አንድ

12

اثنا عشر

አስራ ሁለት

13

ثلاثة عشر

አስራ ሶስት

14

أربعة عشر

አስራ አራት

15

خمسة عشر

አስራ አምስት

16

ستة عشر

አስራ ስድስት

17

سبعة عشر

አስራ ሰባት

18

ثمانية عشر

አስራ ሰስምንት

19

تسعة عشر

አስራ ዘጠኝ

20

عشرون

ሃያ

100

مائة

መቶ

1.000

ألف

ሽህ

1.000.000

مليون

ሚሊዮን

اللغات

ቋንቋዎች

الإنكليزية

እንግሊዝኛ

الإنكليزية الأمريكية

የአሜሪካ እንግሊዝኛ

لغة ماندارين الصينية

የቻይና ማንዳሪን

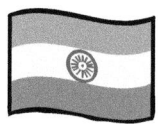

الهندية

ሂንዱ

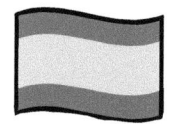

الإسبانية

ስፓኒሽ

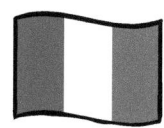

الفرنسية

ፍሬንች

العربية

አረብኛ

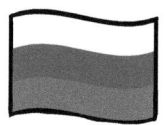

الروسية

ራሺያኛ

البرتغالية

ፖርቹጊዝ

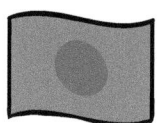

البنغالية

ቤንጋሊ

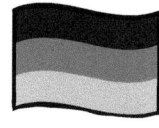

الألمانية

ጀርመን

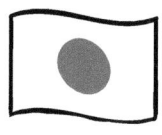

اليابانية

ጃፓንኛ

أنا

....

እኔ

أنت

....

አንተ

هو / هي

....

እሱ/ እርሷ/ እቃዉ

نحن

....

እኛ

أنتم

....

አንተ

هم

....

እነርሱ

من؟

....

ማን?

ماذا؟

....

ምን?

كيف؟

....

እንዴት?

أين؟

....

የት?

متى؟

....

መቼ?

HELLO, I AM

اسم

....

ስም

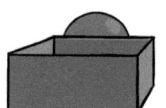

خلف

በስተጀርባ

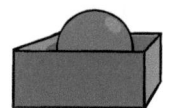

في

ዉስጥ

أمام

ከፊት ለፊት

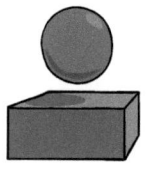

فوق

ከላይ

على

ላይ

تحت

ከስር

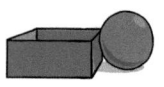

جنب

አጠገብ

بين

መሃከል

مكان

ቦታ